AF514553

Stante Pede

- Prompt X! -

Zeichnungen und Gedichte
von Mel Feller

Für meinen Mann

Alle in diesem Buch enthaltenen Rechte sind der Autorin vorbehalten.

Herstellung und Verlag:

BoD - Books on Demand, Norderstedt

ISBN 978-3-7322-4581-9

Cover: Mel Feller

Autorin: Mel Feller

Zeichnungen: Mel Feller

Das Wort des Jahres 2013 „Das Internet ist für uns alle Neuland."

Angela Merkel im Zusammenhang mit dem Besuch von Präsident Barack Obama auf der Pressekonferenz.

„Der Planet Erde ist eine Kugel und heißt Amerika" Dirk L. Feiler

Der mächtigste Mann der Welt

Schickt zwar kein Geld

Aber dafür eine E Mail

Denn er braucht schnell

Hilfe bei seinem August Programm

Es dauert nicht lang

Um zu verstehen was er genau will –

Eigentlich ist es nicht viel!

Eine Mail vom Präsidenten von Amerika

Ist das nicht wunderbar?

Normal ist es den Amerikanern vorbehalten

In ihrem Land zu schalten und walten

Und Prompt folgt Post von Michelle

Auch sie handelt schnell

Eindringlich bittet sie um Zusammenarbeit

Denn jetzt ist die Zeit

der Globalisierung zur Amerikanisierung –

Mail von Michelle an meinen Mann:

Von: Michelle Obama <Democraticparty@democrats.org>

An: info@feiler-verlag.org

Gesendet: 1:09 Donnerstag, 25.Juli 2013

Betreff: Barack needs you, right now

You are receiving this message as an Obama for America supporter.

The Democratic National Committee is solely responsible for the content of this message.

Friend --

There's a lot of noise and talk and back-and-forth going on in Washington, but hardly any of it seems to be about the struggles that middle-class families face.

When I was growing up, a family like mine -- living on my hard-working father's salary at the city water plant -- could build a solid life without much debt and without relying on any form of public assistance. Today, for too many families, that American promise is no longer within reach.

Barack is working to fix that, to give all families a fair shot. And he needs solid Democrats in Congress to help him.

I'm asking you to be part of the team working to elect more Democrats in Washington and across the country. Sign up today.

It's easy to get frustrated and cynical about politics. Now that the excitement of the presidential campaign has faded, it is so tempting to wait another four years to re-engage.

But make no mistake about it -- while some are tuning out, others are tuning in. They're doing everything they can to make their voices heard. We're seeing the effects of that kind of imbalance every single day.

I know we can make our country a better place to live, for ourselves and our grandchildren, but Barack cannot do it alone. He needs people like you to get involved right now:

http://my.democrats.org/Now

Thanks,

Michelle

P.S. -- Please don't wait for the next presidential election to get involved -- we've got to get going right now. That's the only way we'll get it done.

Mail von Barack Obama an meinen Mann:

Von: Barack Obama <info@barackobama.com>

An: info@feiler-verlag.org

Gesendet: 18:08 Dienstag, 30.Juli 2013

Betreff: I'm asking you

Friend --

There is only so much I can do on my own.

The special interests know it, and they're counting on you to be silent on gun violence and climate change. They hope you're not paying attention to creating jobs or fixing our broken immigration system.

And they plan to make the loudest noise when your members of Congress come home for August recess.

I'm counting on you to be just as vocal -- to make sure the agenda that Americans voted for last year is front and center.

Thank you for being part of OFA's Action August.

Now, will you ask three friends to join you?

I know it's easy to get frustrated by the pace of progress.

But it's not a reason to sit back and do nothing -- our system only works if you play your part.

If you don't let your representatives know where you stand in August, we risk losing an important battle on your home turf.

So I'm asking you -- pass this along and make sure three of your neighbors to do at least one thing in your community during Action August:

http://my.barackobama.com/Commit-to-Action-August

Thanks,

Barack

Panthera tigris

Tiger sind gefährdet auf unserer Erde

Sie leben in der Herde

Ein prominenter Freund

heut

der setzt sich für Panthera tigris ein

und ist dabei nicht allein!

RAMMSTEIN

Gestern war Till Lindemann Tag

Natürlich keine Frag´

Dass ich Bilder auf FB gepostet habe

Da kommen keine Klagen

Sondern meist viel Lob

Da werd ich ganz rot!

lol ☺

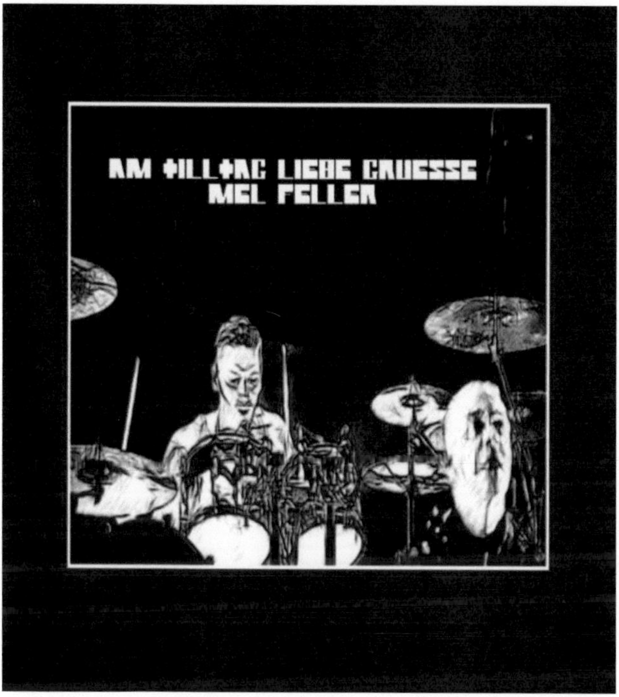
AM LIEBE GRUESSE
MEL FELLER

Remember – September

Noch vor 5 Tagen war es sehr heiß

Aber still und leis

Verabschiedeten sich die Sonnenstrahlen

An denen man sich konnte laben

Jetzt ist es kalt und regnet den ganzen Tag

Das ist natürlich arg!

Doch hier im Zimmer ist es wohlig warm

und das verbreitet Charme!

Gestern kauften wir uns ein neues Bett, knallrot aus Metall

Da inspiriert der Stahl

Doch zu manchen Träumen

die will man nicht versäumen ☺

Suchmaschine

Da sitzt man stundenlang

Und tut was man kann

Googelt um das zu finden

Und sich nicht noch mehr zu schinden

Probleme, Fragen, Software, Preise

Alles ist auf der Reise

durch die virtuellen digitalen Bahnen

und es lässt sich ja schon ahnen

dass das Internet

vernetzt

dem Gehirne gleich

aussieht doch nicht so weich

dann hat man das gefunden

nach Stunden

endlich!

Tun – Tat – Handlung!

Therapie schadet nie

War immer mein Lieblingsspruch

Den hab ich aus keinem Buch –

Mein Mann ist Publizist und Buchautor

Aber er hat noch viel mehr vor

Niemals aufgeben

Ist nicht nur sein Streben

Sondern Handlung

Durch das Tun –

Therapeutin und Autorin bin ich

ich hab mich

erinnert an meine Kindheit

war ich mit sechs Jahren gehorsam oder feig?

Ich wollte schon als Kind Bücher schreiben

Doch es hat geheißen

Da verdiene man kein Geld

Also prompt ändere ich mein Blickfeld

Denn ich war gehorsam und brav

Und dachte man darf

Nicht widersprechen!

Mel Feller

Zu ihrer Berücksichtigung

Nach vorne blicken

Das ist prompt die Ruhe

Der da ist auf der Suche!

Und ganz von Herzen

Ohne Schmerzen

Das ist die Kunst

Der Vernunft!

Ein Tribut an den mächtigsten Staatsmann

So sah man den Film an

Der in diesem Jahr erschienen war

Das konnte man sehen absolut klar!

Stante Pede!

Direkt bei Fuß

In einem starken Fluss

Der Gedanken und auch Worte

Am allerliebsten Orte

Hör ich dem gerne zu

Musik mit der Ruh

Und Muse zur Stärke

Das ist die „Neue deutsche Härte"!

Mel Feller

MEL FELLER

Vorstellung

Will sie es wirklich, dass fremde
Hände ihn berühren?

Die Leidenschaft wird glühen

Die sie mit ihm erlebt?

Aus einer Schuld aber auch Lust

War, ist? die Bereitschaft da

Das ist wahr

Doch wenn sie in sich geht

Ihre Seele versteht

Dann weiß sie was richtig ist!

Sie fühlt Hass und Schmerzen

In ihrem Herzen

Die Vorstellung davon

Ein Kuss schenkte er vor Jahren
einer Frau

Dass war nicht annähernd so rau

was sie getan hat

es wird dann sehr kalt

erfrierende Gefühle

In ihrer Vorstellung berührt eine
Fremde ihren Mann

Und sie kann

Nicht anders

Entweder wird sie eine Rolle
spielen

Wie sie es schon gesehen hat in
Filmen

Wird erneut die Kälte erleben

Aber lässt es geschehen –

Dann sieht sie wie sie dem
dummen Stück Scheisse ins
Gesicht schlagen wird

Nicht ertragend das zu sehen was
wird geschehen!

In ihrem Geiste lodert der Hass

Sie wird die Fremde hassen oh ja

Und es nicht zulassen

Das sie es wagt IHN anzufassen!!!

Dieses dumme Stück Scheisse

Das wird nicht geschehen in dieser Weise

Sie hört in ihrer Fantasie nicht auf

Auf die Fremde einzuschlagen

Um sich nicht mehr mit ihr zu plagen

Und die Fantasie tut so gut

Oh ja und sie hat Mut

das zu tun was zu tun ist!

Und endlich wird sie sich erlöst fühlen

Denn sie muss für nichts mehr büßen!

Mel Feller

Was ist das?

Der Idenbirken fragt

Was ist das

Was ihr kennt den Idenbirken nicht?

Fast die ganze Welt kennt sein Gesicht.

Er ist ein Freund von Dark

Und Dark hat ihm viel gesagt –

Jetzt geht's ihm wieder gut

Und er hat neuen Mut

Gefunden

Und seine Krise überwunden!

Glück gehabt!

Dark hat gesagt

Da hast du nochmal Glück gehabt!

Fast 30 Kg sind mir auf den Arm gefallen

Das muss man erst mal schnallen

Doch ich konnte hoffen

Dass er ist nicht gebrochen

Nur ein blauer Fleck

Blieb nach dem Schreck!

Mel Feller

20 Jahre

Im nächsten Jahr

Das ist wirklich wahr

Sind sie 20 Jahre zusammen

Dabei haben sie erst angefangen

In der ganzen Welt rumzugeistern

Um mit ihrer Musik zu begeistern.

Vor Jahren war ich auf einem Konzert

Das war es wirklich wert!

Der Keller

Da ging ich also froh und munter
In den Keller runter
Ich schloss ihn auf und ging hinein
Und war dabei ganz allein.
Ich suchte eine Stange
Und zwar eine lange
Für den Kleiderschrank.
Ich schloss wieder ab
Und hielt den Stab
Doch kaum war ich draus
Ging das Licht aus
Tastete mich durch die Dunkelheit
Doch nur eine kurze Zeit!

Post von Michelle

Friend --

You can't just want change.

You've got to fight for it, too. Barack and I hear that's exactly what you're doing -- thank you.

This work matters. Just look at the August congressional recess: For the first time in a long time, our side built some real momentum over the summer -- on everything from immigration reform to climate change. That's all you.

You're the heart and soul of this organization. That's why OFA wants to hear directly from you.

So, if you had to pick, what is the number one issue that drives you to keep fighting?

http://my.barackobama.com/Just-One-Question

I had the privilege of helping get Organizing for Action off the ground earlier this year, and I'm excited about where you're taking it.

There's a lot of work still ahead. As Barack says: Winning an election doesn't bring about the change we seek. It simply gives us the chance to make that change.

You're embracing that opportunity -- and all Americans will be better off for it.

Thanks,

Michelle

(die Mails gehen an meinen Mann, Dark)

Mel Feller

Wie geht das?

Dark und ich reisten in die Vergangenheit

Als man noch am Fernseher DVD schaute

Euphorische Heiterkeit

Uns erbaute

Zufällig kam an diesem Tag

Eine Zeitschrift mit DVD darin

Sie hatte das passende Format

Ein Horrorfilm sogar mit Sinn!

Also kauften wir DVDs zum brennen

Um öfters einen Fernsehabend zu verbringen

Film und Software kein Problem

Aber wie soll das gehen?

Jahre ist das her

Und auch nicht schwer

Alles richtig machen

Video DVD erschaffen

rein ins Gerät

er lädt

und dann ERROR!

Erst mal sich erinnern und den Fehler finden

Rein ins Internet, die Foren abgecheckt

Neue Converter, Brennprogramme

Gibt's auch schon als Freeprogramm sehr lange

Ausprobieren ohne Viren

Zugemüllt mit Toolbars

Das wars

Mit der Freesoftware!

Professionelle neuste Programme müssen her!

Weiter weiter geht die Reise

Und schließlich still und leise

Nach einer geraumen Weile

War der Fight geschafft

Das Brennen hat geklappt!

Gewitter – „X“

Vor über einem Jahr da hat sich ein Gewitter angebahnt

Und Dark hat gesagt

Bei Gewitter kommen sie alle!

Du musst nur in den Himmel schauen

Du kannst auf meine Worte bauen!

Donner, Blitze, starker Regen

Und man wird „ihnen“ begegnen

wir setzten uns fast nach draußen

zwischen Terrassentür und Treppen die auf den Parkplatz hinterm Haus führen

Dark und ich eng zusammen, konnten wir es spüren

Ich sah ein ganz großes „X“ in der erleuchteten Dunkelheit

Umzingelt von Kleinen und es war Wirklichkeit!

„Dark, siehst du den da?"

Sagte ich, denn ein Buntes war nah.

Ich zeigte mit dem Finger darauf

Und Dark hat gleich dorthin geschaut!

Ich wurde nass vom Regen

Doch es hat an diesem Tage „X" gegeben

Es so nah und deutlich mit meinem Mann zusammen zu sehen

Ließ mich vor Glück beben

Zitternd und frierend klammerte ich mich an meinen Mann

der vieles darüber berichten kann

Über 20 Jahre dauerte seine Reise

Durch die Welt hinter dem Spiegel – leise – weise!

Doch mehr verrate ich nicht

In diesem Gedicht

Schließlich gibt es den „Nebel im Nichts" – Part 1 und 2! ☺

„Geldsegen"

Plötzlich hatten wir in einem Monat einen dreistelligen Betrag zur Verfügung

Das bereitete Vergnügung

Taxifahren, Essenbestellen, Ratenzahlung auf einmal begleichen, mal mehr Trinkgeld geben, schöne Kleidung bestellt, doch es hat mehr das Gemüt erhellt

Besonders Technik verschlang einiges Geld -

Sie brauchen wir für unsere Arbeit, soziale Projekte!

Ein neues wunderschönes Bett, ein Rudergerät, Kleinigkeiten

Man lässt sich gern mal auch zu Unsinn verleiten

Sich mal keinen Kopf machen –

Und dann das „Erwachen"

Muss man schon wieder sparen?

Was soll das, Geld in der Welt?

Vor Jahren hat Dark alles geregelt

Wir waren mit Sicherheit gesegnet

Ich hab nicht auf ihn gehört

Und ohne zu merken die Sicherheit immer mehr zerstört –

Doch jetzt genug von finsteren Gedanken!

Nachts

Die Nacht bricht herein

Und die Phantasie kommt nicht allein

Hand in Hand mit einem Glücksmoment

Den sie hat dem Schreibenden geschenkt

Wie schön ist der Augenblick

Wenn da kommt der Kick

Sich an den Computer zu setzen

Und sich nicht abzuhetzen

Sondern ruhig und prompt!

Mel Feller

Mel Feller

Android

Mein kleines Androidtablet

passt wirklich in jedes Gepäck

ich habs mir gekauft zum Schreiben

damit ich an dem Ort kann bleiben

an dem ich gerade ein Geistesblitz habe!

Er ist niedlich und süss anzusehen

da konnt ich einfach nicht widerstehen

ein Tribut an die Kreativität!

Mel Feller

Flammende Weihnacht!

Die Begierde und die Lust erregen
Sich ins Bett zu bewegen
Vor Jahren in der Weihnachtszeit
Herrscht Romantik und Heiterkeit
Leidenschaftlich wird gef****
Und dabei ist eine Kerze abgeknickt
Entzündet heimlich das Kopfkissen
Ohne das Wissen
Der Liebenden!

Nebel

Beide sehen an der Wand

Wie ein Film von selbst entbrannt

Doch sie sind Live dabei!

Er will lieber auf die „Schauspieler" zielen

Doch sie lässt so manches sprießen

Nebelschwaden legt sie schützend um die „Wesen"

Als wär das gar nichts gewesen

Er ist erzürnt und will Lichtblitze auf die Wand jagen

Doch sie wird immer nein sagen

Und den Nebel stets verdichten

Damit niemand kann etwas vernichten!

MEL FELLER

Spass

Spass ist für alle da!

Das ist wahr!

Also wird sie beginnen

Das Bildmotiv für sich zu gewinnen!

Bewegt es hin und her

Sie will immer mehr

Doch er sagt das ist nicht zum lachen

Denn es kann Schaden machen

Also hör mit dem Spielen auf

Sonst nimmt die Welt hinter dem Spiegel ihren Lauf!

Mel Feller

Tanz für uns!

Lindsay tanz für uns so fein

Das wird gut für die Energie sein

Sie sehen sie sich bewegen

Doch dabei wird sie nicht reden

Die Musik im Hintergrund putscht richtig auf

Und lässt guter Stimmung ihren Lauf!

Sie zeigt ihren heißen Strip

Und ist topfit!

Mel Feller

Kleine Bildergeschichte:

Mel Feller

Und so als kleine Collage Photo:

The world behind the mirror

The world behind the mirror

A book with seven seal

Some can it see

It will be

In creatures

Which accompany the people forever

and ever

Mirror stimulates to study the spirit of research

But this world behind can be dangerous

Because the mirror conceals

Doctrines

Confused the soul

a lot of confusion full

Therefore some people go around

and around

Shoked with a feeling

seeing

The sensation of horror

By mirror

The ability to understand means blessing and curse at the same time

But this human being will be rich of science

and perception…

MEL FELLER

Traurigkeit

Gefangen in der Traurigkeit

Quält sich die Zeit

Kein Funke der Idee

Nur weh weh weh

Nur die Hoffnung auf den nächsten Tag

Dass er beende diese Plag

Inspiriert und Antrieb spendet

Die Sonne blendet

Das Schreiben seinen Fluss einnimmt

Und einen schönen Tag bestimmt!

Mel Feller

Sexy girls

Mel Feller

Mel Feller

Sammlung

Wer kennt das nicht?

Apps auf dem Betriebssystem sind einwandfrei geordnet

Alles erstrahlt gecleant im Licht

Doch dann will er nicht mehr booten

Das System ist hin, die Programme und Dateien!

Deshalb haben wir eine Sammlung

Ständig aktualisiert

Damit den Dateien nichts passiert!

Mel Feller

Mel Feller

mel feller

...natürlich auch an die Sammlung von Bildern denken, Backups machen ☺

Etwas anderes:

Anleitung zum Thema Psiball

also 1. : was ist ein Psiball (PB)

Ein Psiball ist eine Art von Psi-Energie (man weiß nicht was Psi ist, aber meine Theorie ist, dass es eine Art von Ladung ist), die in Form eines Balles konzentriert ist. Später kannst du die Energie auch zu komplexeren Formen, wie z.B. einer Pyramide machen.

2.: was bringt ein Psiball ?

Einige Leute denken, dass ein Psiball völlig nutzlos ist, was aber nicht stimmt, denn :

- Anfänger können mit PBs gut in das Psi-Training einsteigen

- wenn einem langweilig ist, hat man eine Beschäftigung

- man kann den PB als Aufwärmtraining vor Telekinese (TK) benutzen

- wenn man gut geübt hat kann man den PB auch zum leuchten bringen (das sog. "Flaring")

D.h. man kann den "geflarten" PB als Taschenlampe, Leselampe verwenden,

man kann den PB zum Ärgern von Nachbarn (Schulkameraden ,...) verwenden

- wenn du gut bist, brauchst du später kein Feuerzeug mehr

- und er trainiert einfach die Psi-Energie

3.wie mache ich einen Psiball ?

1.Methode :

1.Such dir ein Element deiner Wahl aus (Feuer, Wasser, Metall, Strom, Erde,...)

2.Stell dir eine „große Quelle“ deines Elementes vor (Feuer->Vulkan, Wasser->

Ozean, Metall->Mine, Strom->Kraftwerk, Erde->Wald,...[das waren Beispiele, du musst diese Beispiele nicht nehmen])

3.Stell dir vor, wie die Energie (wie sieht Psi aus? ... wie du möchtest ^^) von der „großen Quelle“ aus durch dein sog. „Kronen Chakra“ (das ist ungefähr an der Stirn) zu deinem Solarplexus fließt (der Solarplexus liegt ungefähr über dem Bauchnabel). Dort sammelt sich die Energie.

Du kannst mithilfe von diesem Vorgang auch Energie von Menschen, Pflanzen oder sonstigem abziehen. Wenn du Energie von einem Menschen haben willst, frage diesen aber bitte vorher, denn du weißt nie, ob dieser erkennt, dass du ihm Energie abziehst. Du kannst auch deine eigene Energie verwenden. Wenn du das willst, kannst du gleich mit Schritt 4 beginnen.

1

4. Jetzt stellst du dir vor, wie die Energie von deinem Bauch (Solarplexus) aus durch den Brustkorb, durch die Schultern in deine Arme fließt. Jetzt schicke die Energie langsam hin und her (zu deinen Oberarmen, wieder zu den Schultern, wieder zu den Oberarmen,...). Wenn du das (Energiebewegung/Energiemanipulation) ein wenig trainiert hast, kannst du das Psi in deine

Hände schicken (,die du hältst, als ob du einen kleinen Ball halten würdest- die sogenannte Sensorhaltung) und dann aus den Händen heraus. Dort (zwischen deinen Händen) verformt sich die Energie zu einem Ball.

Spürst du etwas ?

Wenn ja was ?

Versuche dein Gefühl in Worte zu fassen. Schreib es am besten nach der Übung auf.

Wenn du die Hände jetzt ein bisschen näher zusammendrückst (ganz leicht nur) wirst du (in der Regel) einen leichten Widerstand fühlen, als ob deine Hände sich magnetisch abstoßen.

2.Methode

Halte deine Hände in der Sensorhaltung und gehe mit den Händen ein wenig auseinander. Warte ab. Dann bewegst du die Hände wieder aufeinander zu. Dann wieder auseinander und wieder zusammen (das nennt man Densing).

Spürst du etwas ?

Wenn ja was ?

3.Methode

Versuche Methode 1 oder Methode 2 (je nachdem welche dir besser gefallen hat bzw. welche besser geklappt hat) mit einer Hand.

Welche Hand soll ich benutzen ?

Ich weiß nicht, ob ich folgendes glauben soll, aber ich habe

folgende Lösung für das Problem in einem Buch gefunden :

Halte die Hände ca. einen Meter auseinander. Dann schlage die Hände schnell zusammen und falte sie beim Aufprall wie beim Beten zusammen. Die Hand wo der Daumen oben liegt ist deine primäre Sendehand. Die Hand wo der Daumen unten liegt ist die primäre Sensorhand. Demnach ist die primäre Sendehand = sekundäre Sensorhand. Und primäre Sensorhand = sekundäre Sendehand.

Benutze die Hand, die du möchtest, aber wisse, dass du mit der primären Sendehand besser Energien senden kannst und mit der primären Sensorhand besser Energien empfangen und fühlen.

2

Nehme die Hand, die du ausgewählt hast und mache einen PB (entweder Methode 1 oder 2). Die "zweite Hand" ist dabei entweder ein Tisch oder ähnliches oder aber die Hand von einem Freund. Du kannst auch einen PB z.B. mit der Schulter von jemandem machen.

Teste aus wie das Gefühl ist – aufschreiben !

Sind die Gefühle bei deinen versch. Händen anders ? – aufschreiben !

4. wie geht's weiter ?

Übe diese Übungen von oben, dann wirst du irgendwann (vielleicht in 10 min ... vielleicht aber auch in 2 Wochen) in 3 Sekunden einen passablen Psiball herstellen können.

Wenn du jetzt schnell einen PB herstellen kannst, solltest du versuchen die Wärme deines PB beeinflussen zu können.

Ein Versuch dazu :

Wenn du einen PB hergestellt hast, bitte z.B. einen Freund mit einem Finger leicht in den PB hineinzufassen oder du versuchst mit einem Finger in den PB hineinzufassen. Du wirst merken, dass es "im PB" wärmer ist als außerhalb.

Wenn du jetzt z.B. an ein heißes Bad, hohe Temperaturen oder Feuer denkst während du einen PB herstellst, dann wird er wärmer. Genauso geht es auch umgekehrt.

D.h. an Alaska denken usw.

Weiterführende Übungen :

Das Shelling :

Wenn du einen PB shellen willst, stell dir dazu vor, wie sich irgendetwas (, was für dich sehr standhaft ist... vllt. getrocknete Lava oder Metall oder ähnliches) um den PB herum materialisiert. Gib dann nur dem Shell Energie. So kann dann nur Energie rein und nicht mehr raus.

3

Das Programmieren :

Wenn du einen PB programmieren willst, sage (ja ich meine sagen... die Stimmbänder benutzen usw.^^) dem PB was er tun soll. Z.B.: „Zerstöre dich selbst um 23:00 Uhr. Bis dahin bleibe dort oben in der Ecke.“ Oder :

„Fliege nach Angola, schieße ein Foto von der Hauptstadt und komm zu mir zurück.“ (Um so etwas zu machen, braucht man schon etwas stärkere PBs.)

Man muss es dem PB auch nicht unbedingt „mündlich“ sagen. Man kann es auch visualisieren oder in Gedanken sagen.

Du kannst dem PB alles sagen, was du willst. Wenn er stark

genug ist, wird er es erledigen. Eine gute Programmierung z.B. ist :

„Lade dich einmal pro Tag eine Stunde auf" ;)

Psi-Schilde :

Wenn du ein Psi-Schild machen willst, stell dir anstatt einen Ball einfach eine Art Oval um deinen ganzen Körper vor. Den kannst du auch programmieren.

Dann schützen sie dich z.B. vor telepathischen Nachrichten. Oder sogar vor physischem Schaden.

Anleitung von : THE MAX

Mel Feller

Mel Feller

Zum PSI Ball

Als wir mit Max zu tun hatten

Da haben

Sich auf den Bildern PSI Bälle manifestiert!

Mel Feller

...pure Sinnlichkeit macht sich in den Räumen breit ☺

Mel Feller

Sexy Girls Part 2

Und hier noch einige sexy
Zeichnungen

Bilden einen dichten Reigen

Mel Feller

Mel Feller

Mel Feller

Mel Feller

Mel Feller

Ein Geschenk

.......wenn ich die augen schliess ...sehe ich ...wärme.und lachen und geborgenheit...ich seh ihn der mich glücklich anlacht ...mich in den arm nimmt und mich streichelt....er küsst meine augen ..meine stirn.und er flüstert mir ins ohr .schön das du da bist..ich hatte ein bisschen sehnsucht.wir küssen uns.. ganz unschuldig...wie neugefunden .obwohl wir uns nicht so ganz fremd sind es ist als versinke die zeit ..alles wird nebensächlich..er wird ganz weich ..kann sich langsam entspannen weil er auch spürt das er erwartet wird voller sehnsucht der kuss endet nicht .-er entwickelt sich...von langsam forschend..mit unterbrechungen ...sie küsst dazwischen seine augen.zwickt ihn ins ohr.,in die unterlippe..dann küsst sie wieder....

...ein Geschenk von Inco

Sprung in die Vergangenheit

Unerwarteteter Besuch von gestern Mittag bis heute Morgen

Mal nicht denkend an Sorgen

Gute Gespräche, Lachen

Über facettenreiche Sachen –

Annäherung zur Freundschaft

Was Harmonie schafft -

Ein Bekannter wird eine Zeit hier verweilen

Nichts drängt zum Eilen –

Nach der gesprächsreichen Nacht

Hab ich mir gedacht

Noch ein wenig zu schreiben

Will Stressreiches meiden –

Feiertag ist heute

Und da faulenzen die meisten Leute

Ich reime dann

Geh stürmisch ans Werk heran

Was mir gerade einfällt

Und meine Sinne erhellt

Das stellt

Sich fließend fast unbemerkt

Durch Überlegungen gestärkt

Ein und ohne Zaudern

Lasse ich die Buchstaben Worte „zaubern“ –

Wichtig ist mir das Reimen

Denn dann keimen

Die Worte zu einem Gedicht

Manchmal einer kleinen Geschicht

Die ich erzähle

Wobei ich verschiedene Sprachen wähle

–

Geschenk

Das Spiel mit der Zukunft

ich finde so vieles nicht gut,

bin traurig und voller wut,

bekomme sie aber nicht weg,

denn dieses boot hat ein leck.

hat es noch einen SINN zu kämpfen,

wenn man weiß, nichts ändern zu können ?

manchmal denke ich so für mich:

wirf deine karten einfach weg,

denn nur wenn du das falsche spiel mitmachst,

besteht die chance auf GEWINN.....!

mit deinen Idealen brauchst du das SPIEL nicht spielen,

denn in dem SPIEL um GELD und MACHT

ist der Ausgang

längst beschlossene sache ein abgekartetes SPIEL,

bei dem jeder noch so miese trick
erlaubt ist,

da nur MACHT zählt.

aber wenn du nicht mitmachst, sagt
man dir nach,

verrückt zu sein oder gar ein
kommunist zu sein.

ich bin oft mutlos, weil ich angst habe,

dass das PULVERFASS hoch geht,

denn sie spielen überall mit BOMBEN
und RAKETEN.

ich habe angst, dass meine ZUKUNFT
schon hinter mir liegt,

ich möchte abhauen, aber alle Wege sind mit versperrt.

was mir noch kraft gibt ist die LIEBE.....,

ich halte an dir fest,

und setze alle meine KARTEN auf dich,

auch

wenn ich damit untergehe.....

von Prex, Lyriker Geschenk

Mel Feller

Mel Feller

Mel Feller

Mel Feller

Danke an Prex und Inco für Ihre Beiträge.

Ebenso Danke an den Präsidenten der Vereinigten Staaten und seine Frau Michelle.

Aber besonders danke ich meinem Mann!

Mel Feller